ESENCIA DE ROSAS
Aromas de la Voz

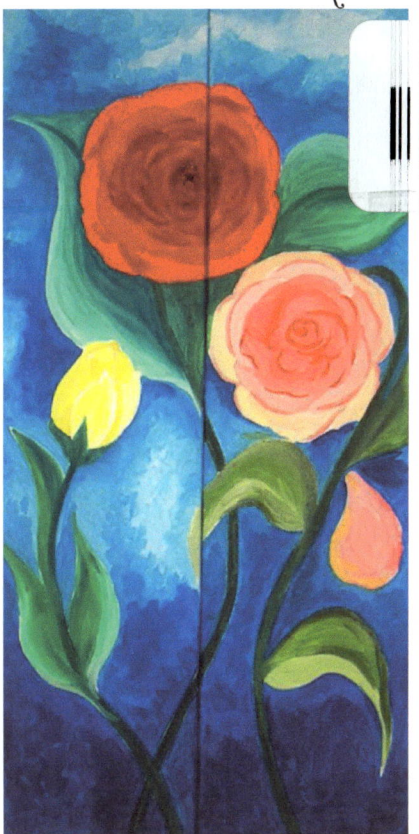

Ivonne Sánchez - Barea
2013

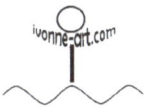

ESENCIA DE ROSAS *Ivonne Sánchez - Barea*

ESENCIA DE ROSAS *Ivonne Sánchez - Barea*

ESENCIA DE ROSAS   *Ivonne Sánchez - Barea*

Copyright ©2012 **Ivonne Sánchez Barea**.
Derechos reservados - All Rights reserved.
ivonne.sanchez.barea@gmail.com
http://www.ivonne-art.com

eiseke@yahoo.es

Ilustraciones: Ivonne Sánchez Barea ©
http://www.ivonne-art.com

- **ISBN-10** : 1794106499
- **ISBN-13** : 978-1794106499

ESENCIA DE ROSAS *Ivonne Sánchez - Barea*

ESENCIA DE ROSAS *Ivonne Sánchez - Barea*

ESENCIA DE ROSAS Ivonne Sánchez - Barea

Naciste con fuerza de las originarias semillas que viven en el centro de la madre tierra. Desde la antigüedad, eres mito y realidad, Diosa del amor y la belleza que en la Grecia clásica tuvo su trono y fue venerada desde antiguos imperios.

Llegaste con tu esencia suave y exquisita, con tu fragancia dulce y tu piel de seda. A tu jardín vienen miles de seres que inundan las corolas de la vida, que brillan con partículas de amor y de belleza.

Crees en la magia, en la verdad, y en la alianza de las manos amigas que llenan la vida de arte en libertad. Todo se expande y acontece en el tiempo valedor, en el espacio imaginario del Universo que habitas.

La naturaleza te sublima y floreces en un campo de colores luminosos, rosa de los vientos que camina, por la senda que ennoblece el alma. Amas y vives la realidad con ilusión como un sueño consustancial a tu ser de luz.

Concha Hermano
Curadora de Arte
Cájar, Granada 2012

ESENCIA DE ROSAS *Ivonne Sánchez - Barea*

ESENCIA DE ROSAS *Ivonne Sánchez - Barea*

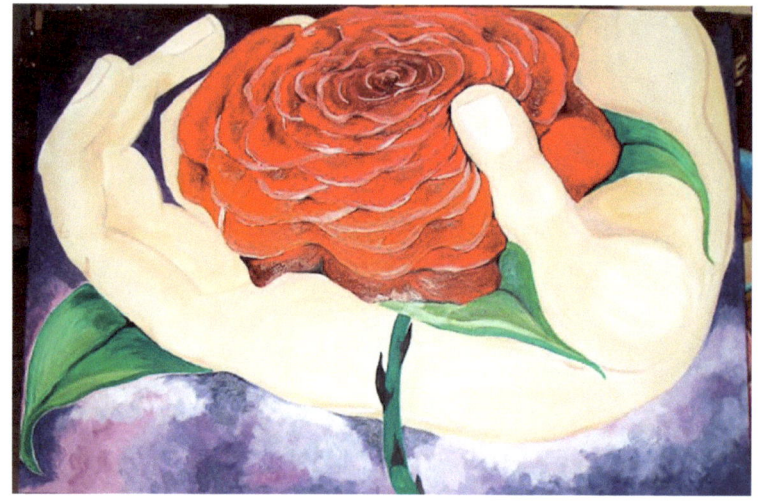

__Entregando la Rosa__
Óleo sobre lienzo
120 x 97 cm.
2011

I

Crecemos áureas
espiral cósmica
galaxias y universos.

Soplos y besos atenazados,
aromas desprendidos,
vientos envueltos
susurros y silencio interno.

Vientre adentro,
sobre la espalda seca,
madre vieja que amasa
rosquillas o pan
o tibios besos.

ESENCIA DE ROSAS *Ivonne Sánchez - Barea*

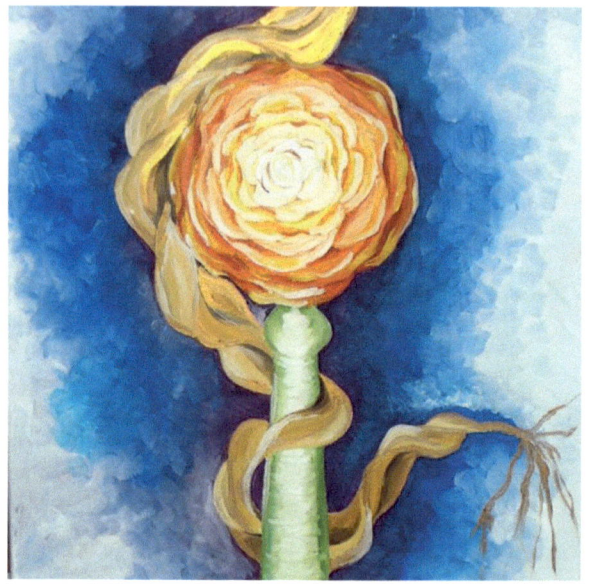

Tallo envuelto
Óleo sobre lienzo
40 x 40 cmt.
2011

II

Luna opuesta
solsticio,
abrazo de luz,
espinos
se enredan
de pies
a tierra adentro.

Allí
tejiendo,
permanece
una sombra
Iluminada.

Canción de mar
pegada a su espalda.

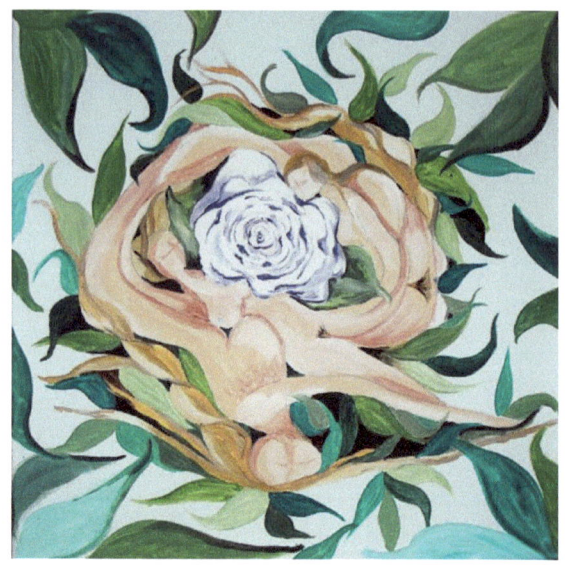

Pétalos de piel
Óleo sobre lienzo
40 x 40 cmt.
2011

III

Amanecida
rosa atrapada,
ata cabellos
a raíces eternas,
enredadera
de espinas
que atenazan.

Su silencio;
naranja,
sus lágrimas
jugo de miel
y rosas.

Niña
      de la niña,
niña
      de la madre,
niña
      de la anciana
que crece enzarzada.

ESENCIA DE ROSAS *Ivonne Sánchez - Barea*

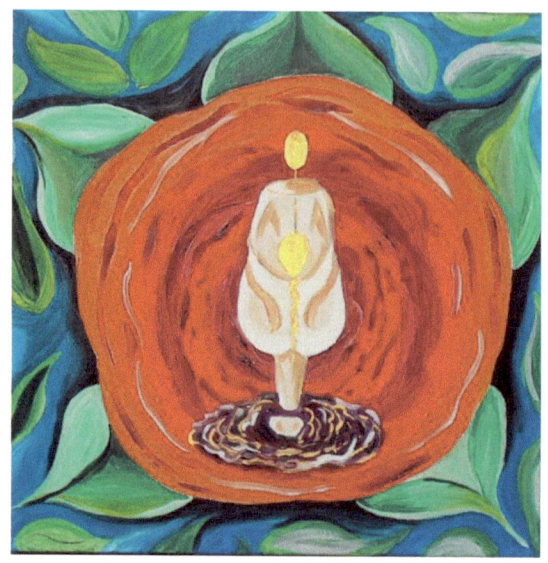

La copa
Óleo sobre lienzo
30 x 30 cmt.
2011

IV

Copa agreste
cuerpos tejidos,
centro exacto
del principio,
pétalos viajeros,
pétalos de vientos.

Abriendo
      rojos
sus adentros.
Pesca alientos
de memorias.

Caza recuerdos
de su historia.

Ella envuelve,
      él atesora,
y la rosa, rosa...
se vuelve
      roja.

ESENCIA DE ROSAS *Ivonne Sánchez - Barea*

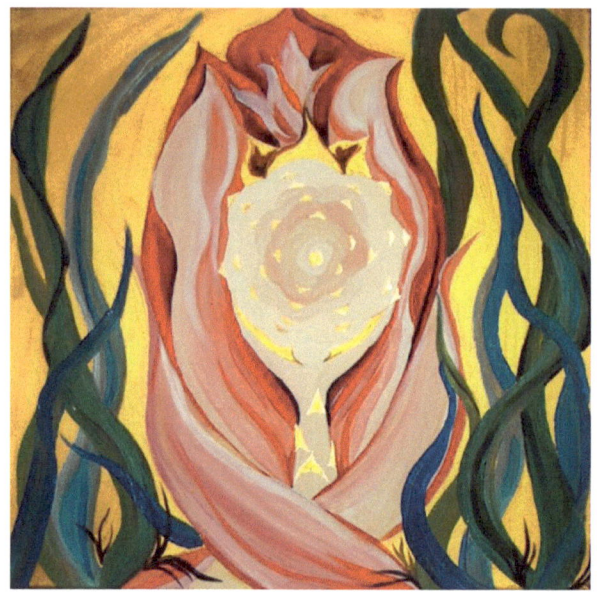

Espinos dorados
Óleo sobre lienzo
40 x 40 cmt.
2011

V

Cáliz de trenzas rotas
emergiendo sus pistilos:
    polen claro.

Ámbar
sol que atrinchera,
sus incorpórea forma.

Música
caja encerrada,
cuerda rota que atrapa.

Copa
de amor perenne,
singular voz
de madrugada.

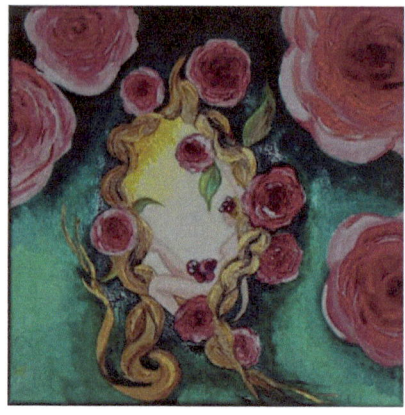

El columpio
Óleo sobre lienzo
20 x 20 cmt.
2011

VI

Se columpia ella
desde su ventana.

Cava hacia la luz.

Con sus trenzas doradas
y entre las rosas... rosas,
engendra su amor al amor.

Umbral de entrada prohibida,
cancela abierta de morada.

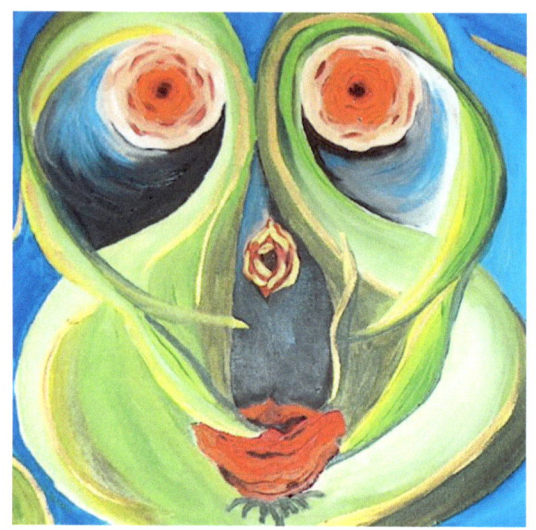

Rosas corpóreas
Óleo sobre lienzo
30 x 30 cmt.
2011

VII

Llora
su mirada seca
de memorias,
una lágrima
de amarga miel,
ojo glauco
de precoz
dolor atesorado.

Liberada alma
se adentra,
sobre horizontes…
      mares en olvidos.

ESENCIA DE ROSAS *Ivonne Sánchez - Barea*

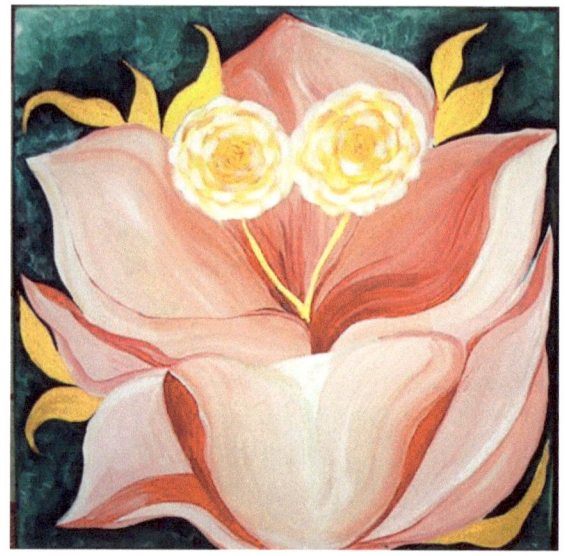

Pistilos
Óleo sobre lienzo
40 x 40 cmt
2011

VIII

Mirando
esta el fantasma,
 verde luz,
  sinople
en rosa
encendida.

Pábilo encierro,
desvela arrugas
de la vida,
 doblando
 cada esquina
 de sus pétalos.

Enciclopedia fértil,
libros abiertos.

Lis de luz,
 luz de amor,
  amor de amor .

Por su principio,
 surge.

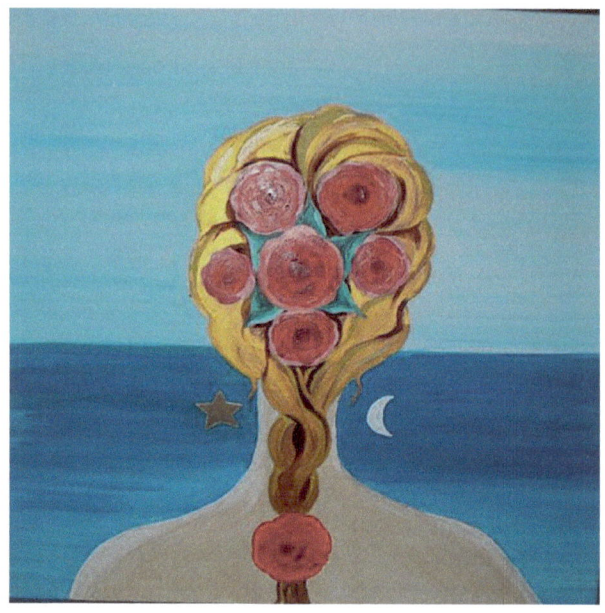

Mirando el mar
Óleo sobre lienzo
60 x 60 cmt.
2011

IX

Mirando al mar
su vida,
horizonte abierto,
cuenta lunas
y estrellas,
y murmullos
de olas envueltas.

Siete rosas
se enredan,
en su trenza:
      enroscada y
      perdida,
historia
de los tiempos,

Y ella,
se inclina
sobre
lánguidas arenas.

ESENCIA DE ROSAS

Ivonne Sánchez - Barea

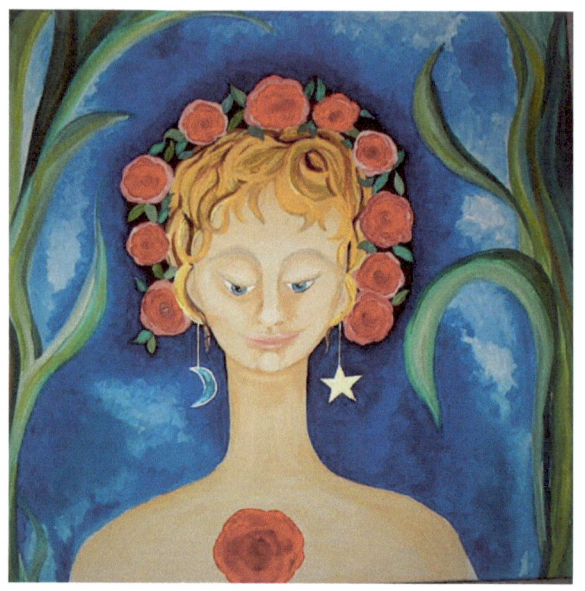

En marismas
Óleo sobre lienzo
60 x 60 cmt.
2011

X

Desde el mar
noche es ella,
y sus estrellas
      rosas
y sus silencios
      luceros
columpian
      lunas,
música
acallada,
      coros
de tres rosas.

Ella
espera
en marismas
el regreso
del tiempo
que nunca halló.

ESENCIA DE ROSAS Ivonne Sánchez - Barea

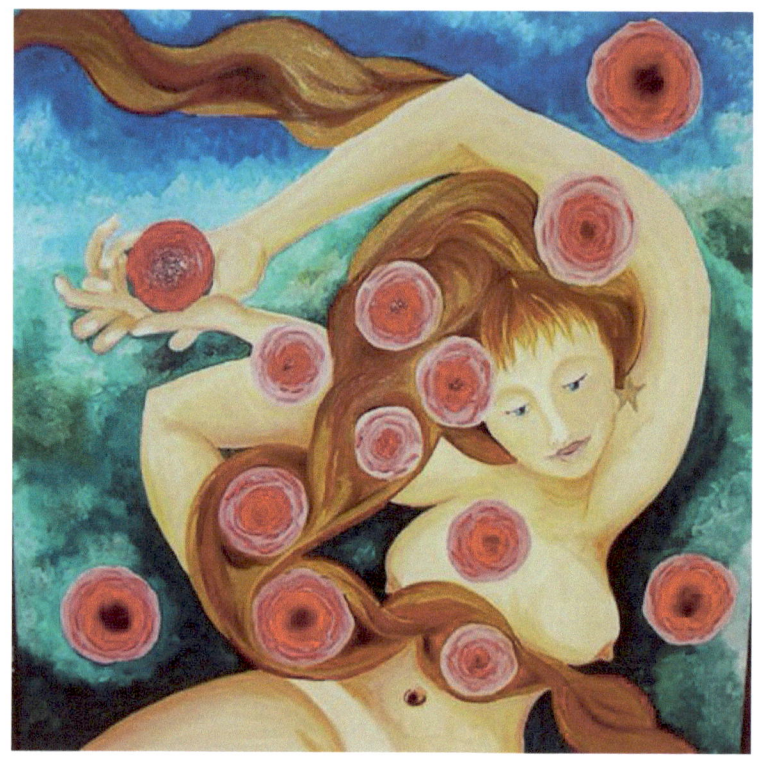

Las rosas y las estrellas
Óleo sobre lienzo
100 x 100 cmt.
2011

XI

Trece rosas
lleva ella
enredadas
trenzas
de su historia,
rosas,
cenit,
constelación
de estrellas,
reinventadas horas,
manos abiertas
    y ocupadas.

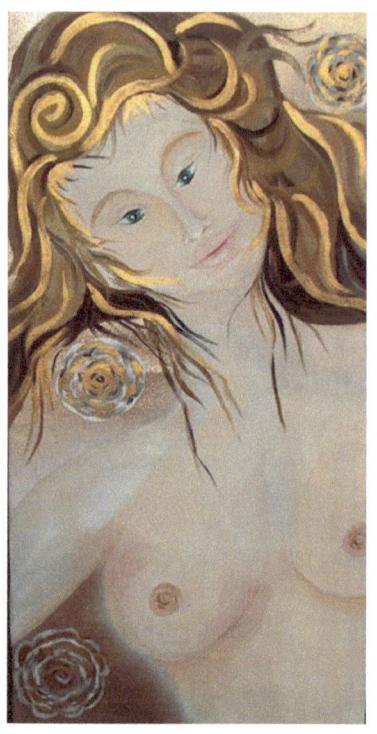

DEIDADES - I
*Óleo sobre lienzo
Fragmento tríptico
40 x 80 cmt.
2011*

XII

Faro,
estrella
de vientos,
levantada aurora
que atrapa,
un espejo lánguido y seco,
despeina levemente,
    trenzas envuelta y
      enroscada.

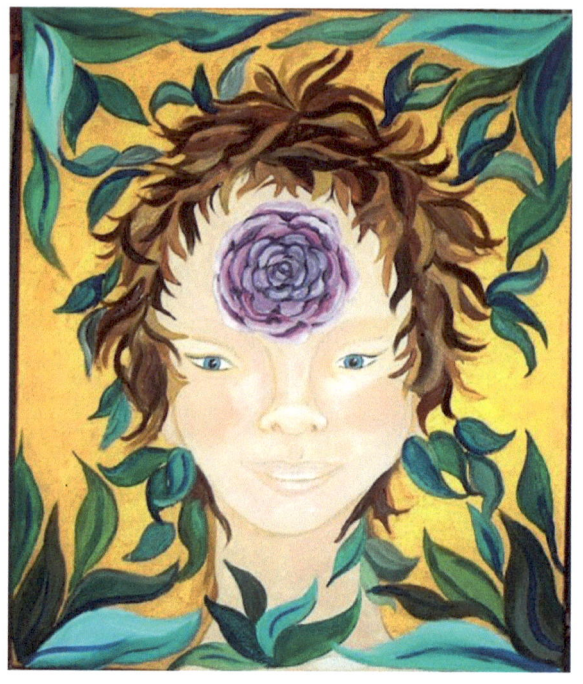

El ojo de la Rosa
Óleo sobre lienzo
60 x 42 cmt.
2011

XIII

Negra
rosa alucinada,
contenida
en céntrica
mirada.

Azul,
cielo abierto
que atrapa,
invisible agujero
que absorbe.

Ella,
siempre
enamorada.

ESENCIA DE ROSAS   Ivonne Sánchez - Barea

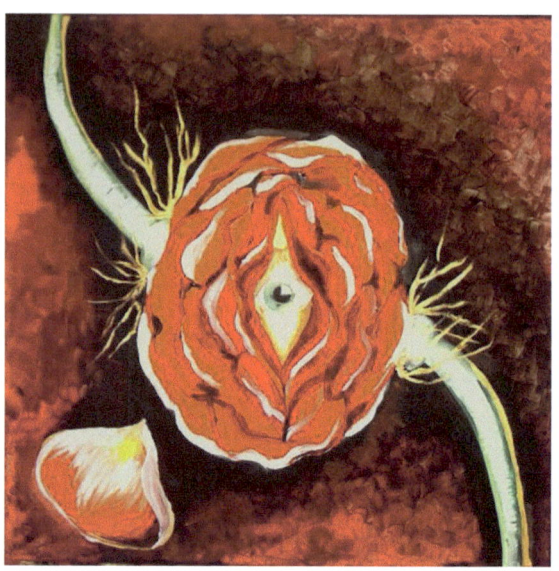

El ojo glauco
Óleo sobre lienzo
40 x 40 cmt.
2011

XIV

Dos tallos
cosiendo pétalos,
ojo abierto
de la historia,
se adentró
en calma
de su espiral,
pereciendo
su cercenada raíz,
reinventando
espacios internos.

Nunca más
rasgará
su memoria,
desde la oscura
luz apagada,
e ilumina
un nuevo
camino
como
antorcha…
      estrellada.

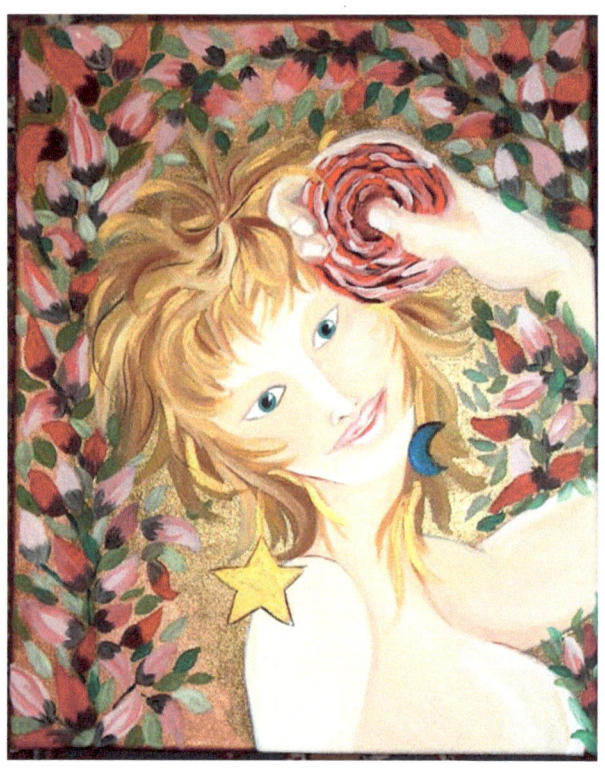

Rosa, luna y estrella
Óleo sobre lienzo
62 x 47 cmt
2011

XV

Contenida voz
que silencia,
copa recogiendo
mieles.

Senos.
en medio
de marismas
esmeraldas hojas
crecen
desde
capullos.

Viaje
que navega
universos.

Rosa.

ESENCIA DE ROSAS *Ivonne Sánchez - Barea*

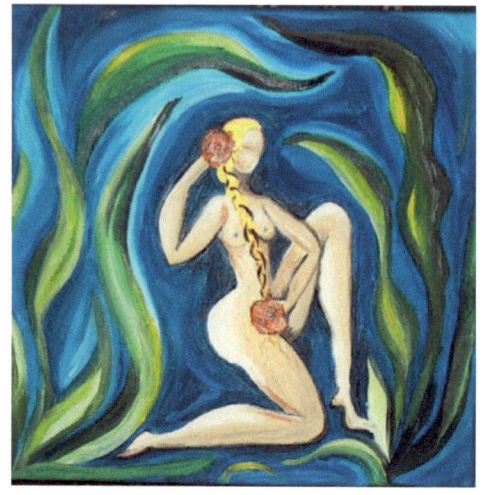

Rumores de rosas
Óleo sobre lienzo
30 x 30 cmt.
2011

XVI

Del vacío cerrado
su vientre,
cancela.

Cabellos,
abierta rosa
ensangrentada.

Rumores:
la vida
se engendra.

Desde el amor,
su acierto.

ESENCIA DE ROSAS *Ivonne Sánchez - Barea*

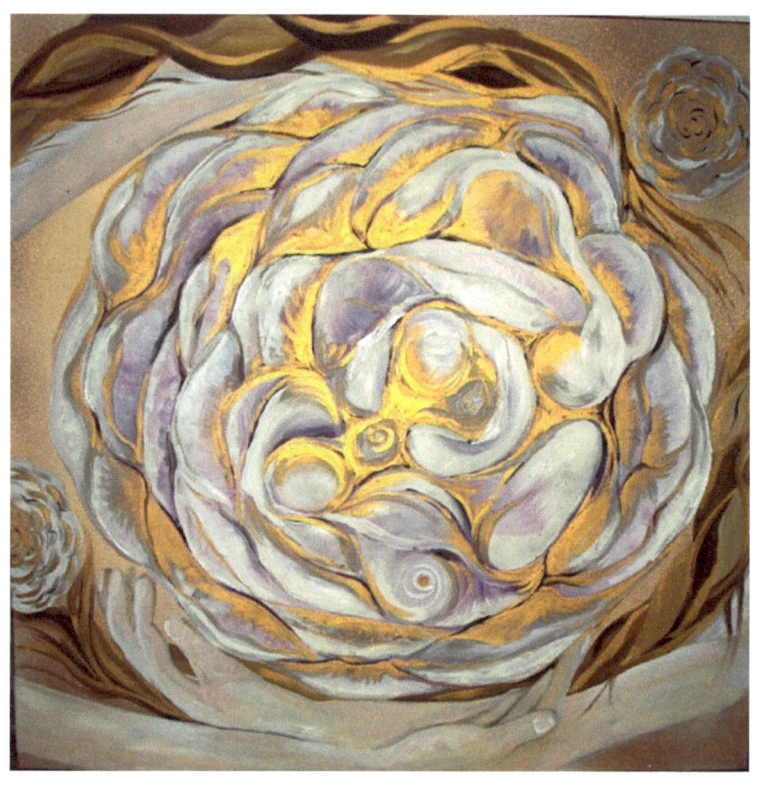

Pétalos de oro
Óleo sobre lienzo
Fragmento Triptico
80 x 80 cmt
2011

XVII

Altar de vírgenes,
rosa dorada
las contiene.

Ingenua
mirada verde,
entre sus labios
de niña que crece.

Testigos mudos
de su fértil
hacer secreto;
    entraña y
    su musical
    universo.

Cerrada
o abierta
    la ventana,
siempre
    virgen
en la madrugada,
    brillando
como
    luna llena.

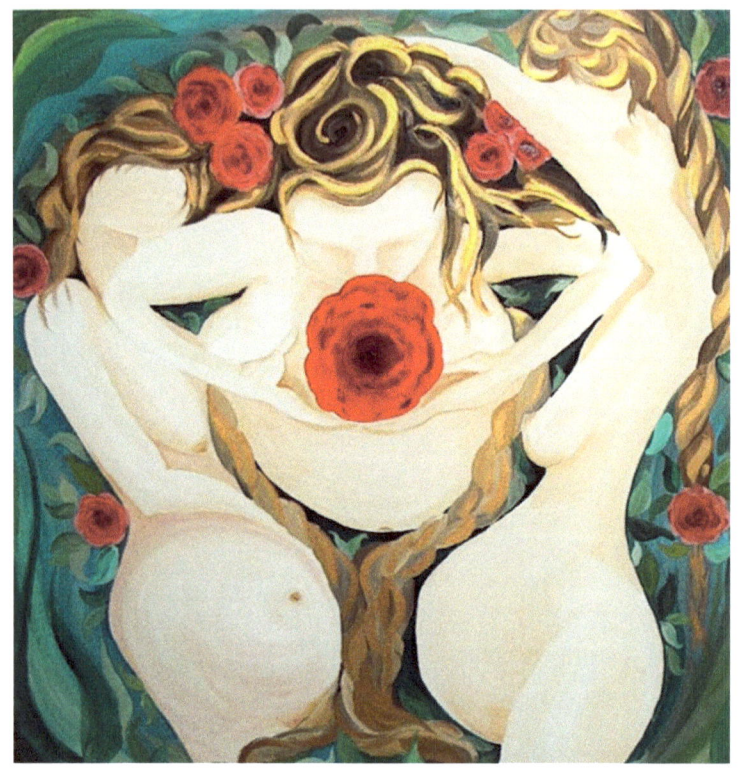

DEIDADES: *Embarazo de tres rosas*
Óleo sobre lienzo
90 x 90 cmt.
2011

XVIII

Tres deidades
fértiles anuncian,
    tres historias,
    tres verdades…

Amazonas,
plantas
Siembran rosas,
      las rosas
        plantadas
sobre verdes hojas.

Tres etapas
   de tres
     vidas madres,
       madres
   de las rosas.

Ellas escriben
sobre etéreas trenzas,
caminos francos
de amores y
     desamores.

ESENCIA DE ROSAS *Ivonne Sánchez - Barea*

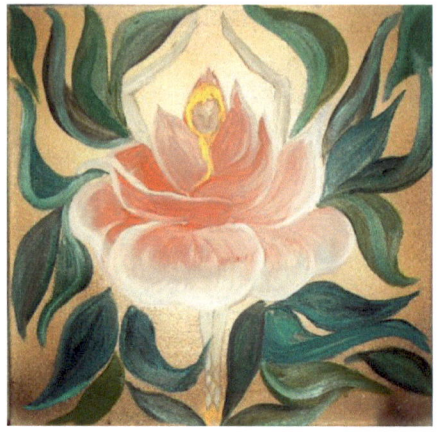

Pétalos bailando
Óleo sobre lienzo
20 x 20 cmt
2011

XIX

Bailarina rosa
en la caja.

Baila
por vez primera
   su danza,
   su mirada.

ESENCIA DE ROSAS *Ivonne Sánchez - Barea*

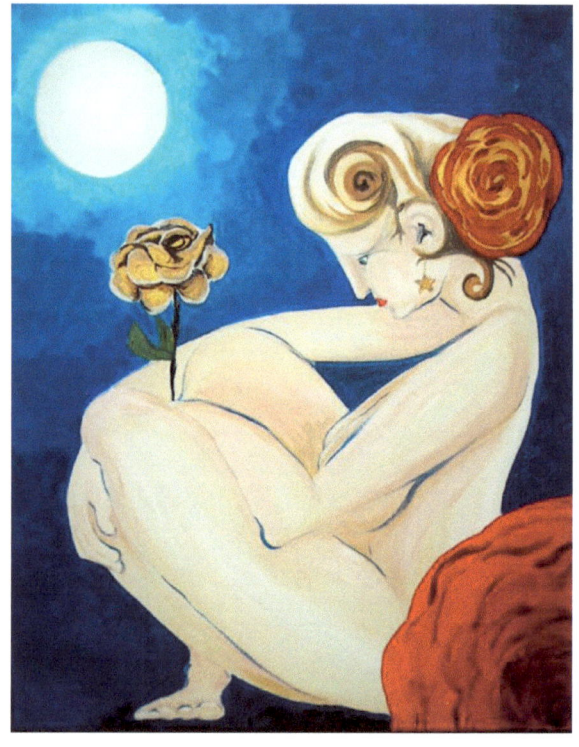

La anciana con la rosa de oro
Óleo sobre lienzo
90 x 72 cmt.
2011

XX

Dama
omnipresente,
que en cada rosa
contiene
un amor
agazapado,
frontera exacta
de sus
dorados
versos.

ESENCIA DE ROSAS Ivonne Sánchez - Barea

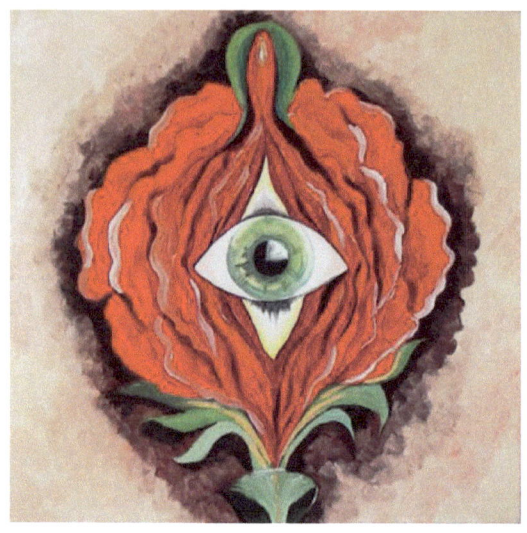

Ojo Glauco
Óleo sobre lienzo
50 x 50 cmt
2011

XXI

Roja luz, sangre, amor
y guerra,
amor de la mano humana.

Sol, jardín y vida,
estrella del alma,
beso de pétalos,
espinas,
tallo,
as...

ESENCIA DE ROSAS *Ivonne Sánchez - Barea*

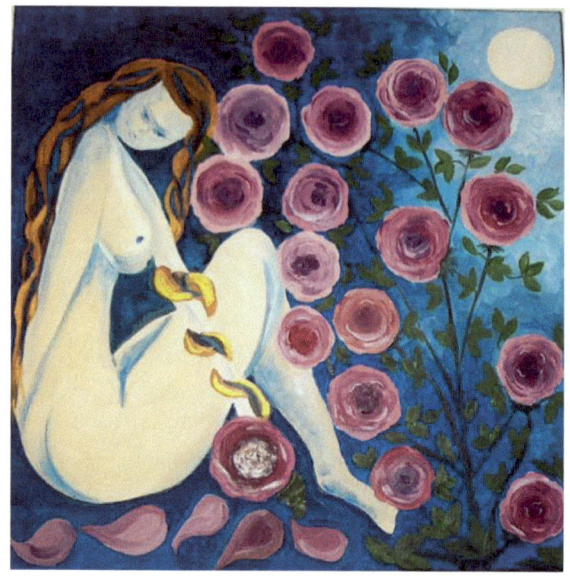

Rosas bajo la luna
Óleo sobre lienzo
60 x 60 cmt.
2011

XXII

Muerde
la espina inscrita,
de una rosa
Silenciada.

Deletreada
voz
encerrada,
grita
que esta viva...

ESENCIA DE ROSAS *Ivonne Sánchez - Barea*

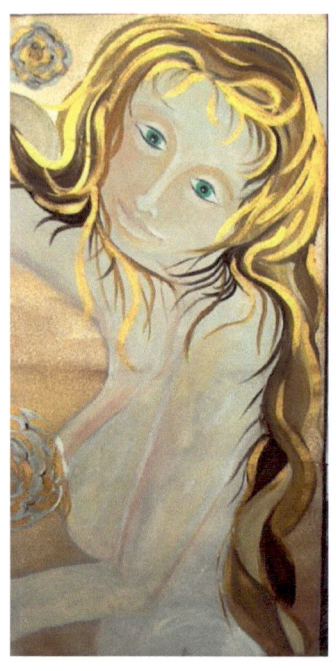

DEIDADES - II
Óleo sobre lienzo
Fragmento tríptico
40 x 80 cmt.
2011

XXIII

Dorada flor
en esencia,
brillo de mente
y palabras,
sentada bajo la luna,
entrega su vida y
su alma.

ESENCIA DE ROSAS *Ivonne Sánchez - Barea*

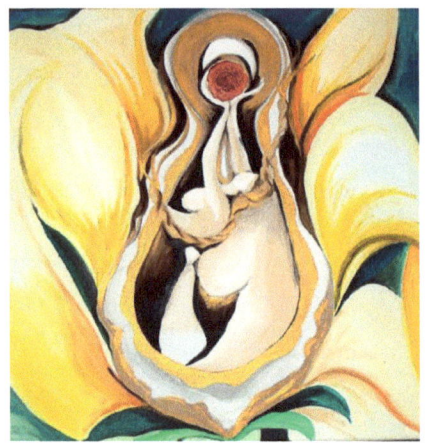

La hija de la Rosa
Óleo sobre lienzo
40 x 40 cmt.
2011

XXIV

El ojo
de la rosa;
    ve el mundo,
    ve el cielo,
    ve el agua,
    ve su voz,
Enigmática...

ESENCIA DE ROSAS *Ivonne Sánchez - Barea*

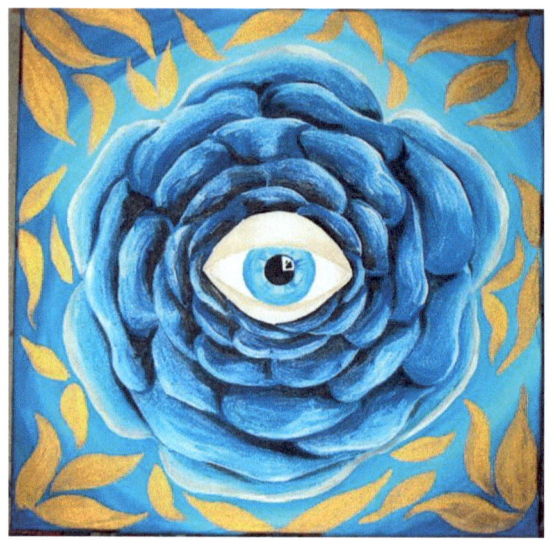

Mirada azul, azules pétalos
Óleo sobre lienzo
50 x 50 cmt.
2011

XXV

En azul pupila;
   de mar y rosa,
   de mujer alucinada.

Desprende ella,
mirando,
su eterna fragancia.

ESENCIA DE ROSAS
Ivonne Sánchez - Barea

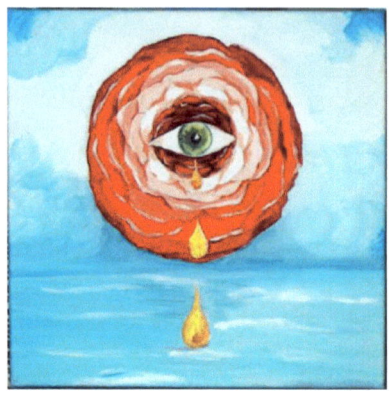

Tres lágrimas
Óleo sobre lienzo
30 x 30 cmt.
2011

XXVI

Tres lágrimas,
sobre el éter.

Tres perlas doradas.

Alquimia
de luz y amor.

Tres orígenes.

Ojo de cristal
iluminado.

ESENCIA DE ROSAS *Ivonne Sánchez - Barea*

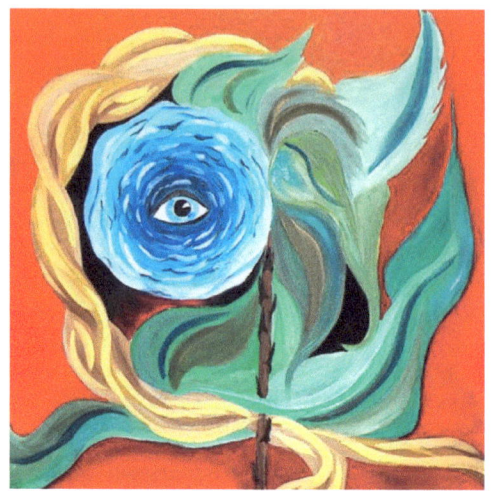

La mirada
Óleo sobre lienzo
40 x 40 cmt.
2011

XXVII

Prendida
a la trenza,
tres:
    ojo
    que todo lo ve...
raíz sobre tierras,
    su sangre,
    su amor y
    su alabanza.

ESENCIA DE ROSAS Ivonne Sánchez - Barea

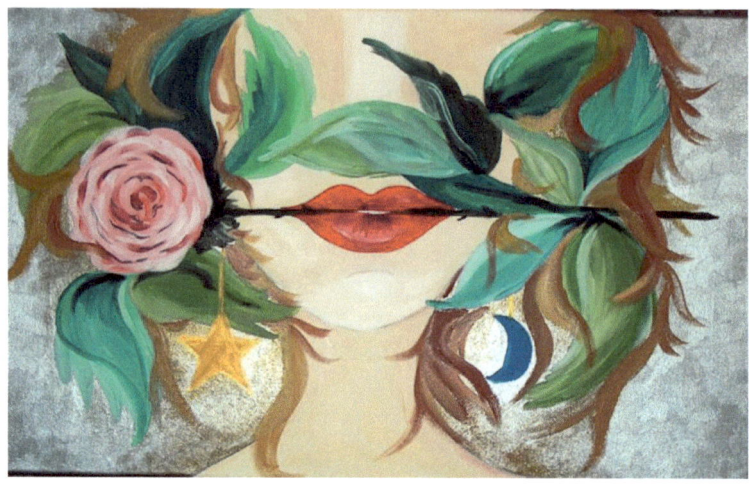

Mordiendo la rosa
Óleo sobre lienzo
76 x 45 cmt.
2011

XXVIII

Corona de rosas,
diadema,
cabeza de oro y miel,
con la caricia agazapada.

De su corazón;
      pétalos y fragancia,
de sus ojos
      la tristeza,
de sus labios
      la mudez,
de sus manos
      las espinas,
escucha sintiendo a
      la luna y
      el sol
todo vive en su interior.

ESENCIA DE ROSAS Ivonne Sánchez - Barea

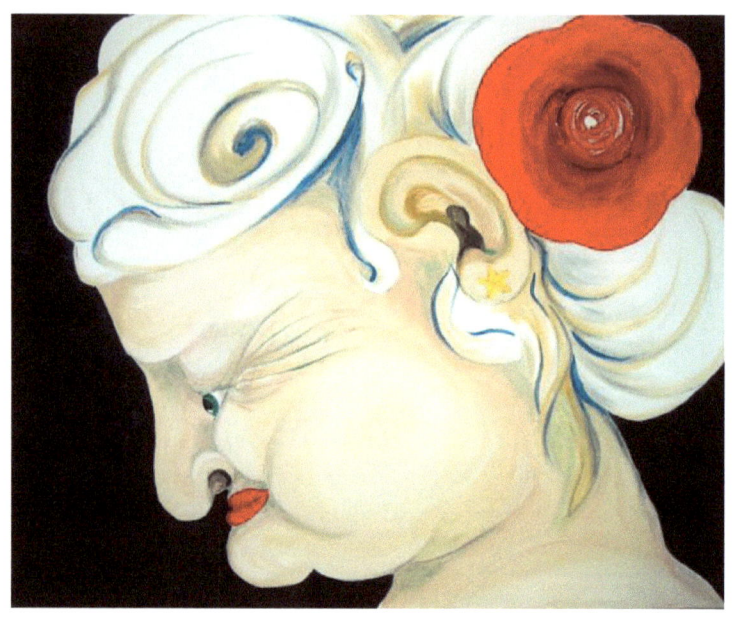

La Anciana
Óleo sobre lienzo
81 x 65 cmt
2011

XXIX

La anciana
rosa nacida,
de lumbre y del sol.

Atrapada en los cabellos,
la rosa se enredó.

Su hazaña fue la vida,
su culmine visión.

Mujer de todos los tiempos,
sin edad, ni condición.

ESENCIA DE ROSAS   Ivonne Sánchez - Barea

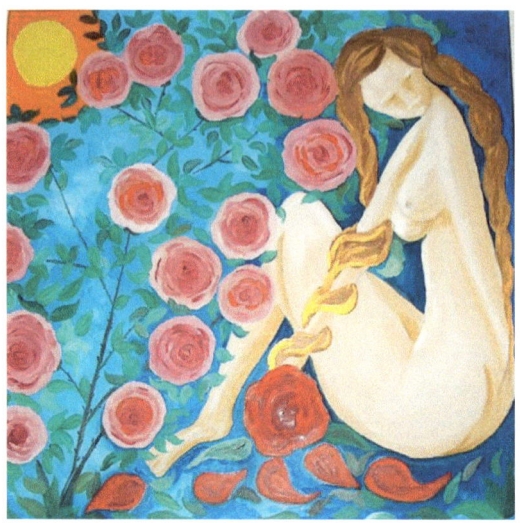

Rosas bajo el sol
Óleo sobre lienzo
60 x 60 cmt.
2011

XXX

Cintura atrincherada
mil pétalos de amor.

De su mano, historias.

De su vida una canción.

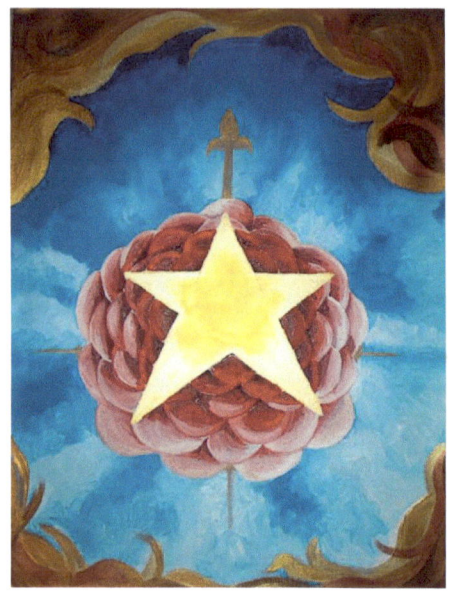

La Rosa de los vientos
Óleo sobre lienzo
62 x 45 cmt
2011

XXXI

Copla de vientos;
    cuerdas y tambor,
aire de la flauta,
    fuente del amor.

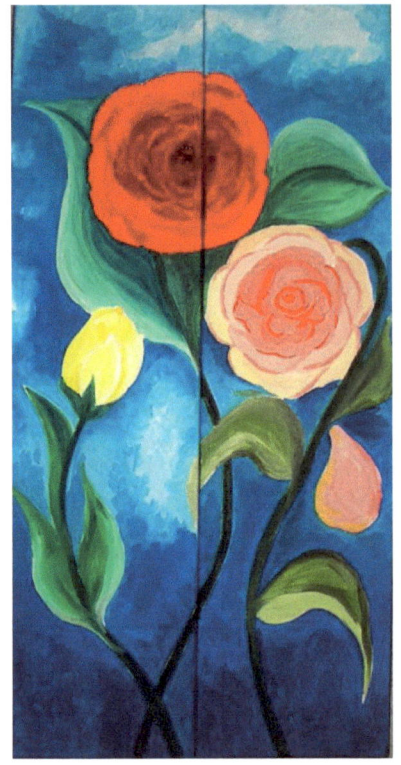

Las tres edades de la Rosa
Óleo sobre lienzo
Tríptico 2 piezas 20 x 80 cmt.
2011

XXXII

Se hizo tibia
  entre los senos
  la lágrima.

ESENCIA DE ROSAS Ivonne Sánchez - Barea

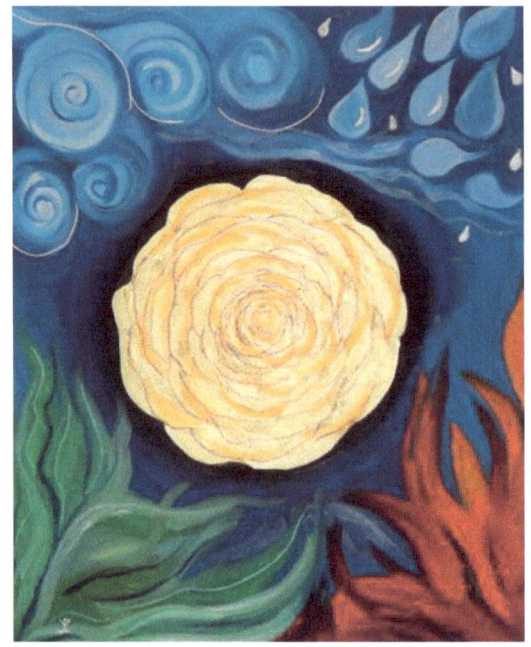

Rosa de oro y cuatro elementos
Óleo sobre lienzo
63 x 45 cmt.
2011

XXXIII

Dorada flor y
quinta esencia,
brillo de mente y
palabras,
sentada bajo la luna
entrega
su vida
y
su alma.

ESENCIA DE ROSAS *Ivonne Sánchez - Barea*

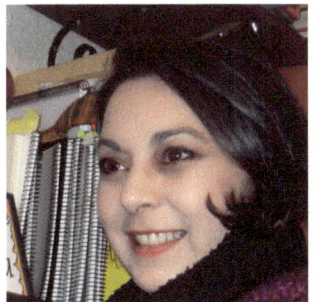

IVONNE SANCHEZ - BAREA

Nace en Nueva York Estados Unidos en 1955.
Origen Colombiano y Española
Pintora, escultora y poeta.

ESENCIA DE ROSAS *Ivonne Sánchez - Barea*

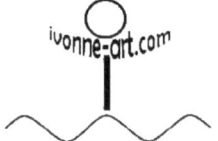